LE BRANLE DES CAPUCINS,

OU

LE MILLE-ET-UNIÈME TOUR

DE MARIE-ANTOINETTE.

Petit Opéra-Aristocratico-comico-risible, en deux Actes.

A S. CLOUD.

De l'Imprimerie des Clair-voyants, Cul-de-Sac des Recherches.

1791.

PERSONNAGES.

LOUIS DE BOURBON, *premier Citoyen-Actif de France & de Navarre.*

MARIE - ANTOINETTE - JOSEPHE - JEANNE D'AUTRICHE, *sa femme.*

LOUIS-NICOLAS-PAUL-EUGENE MOTTIER, ci-devant DE LA FAYETTE, *Commandant-Général des soldats-citoyens de la ville de Paris.*

DEUX CAPUCINS.

Le premier Acte se passe dans le Parc de S. Cloud, et le second dans un Appartement du Château.

LE BRANLE DES CAPUCINS,

OU

LE MILLE-ET-UNIÈME TOUR

DE MARIE-ANTOINETTE.

Petit Opéra, en deux Actes.

ACTE PREMIER.

SCENE PREMIERE.

ANTOINETTE, *seule.*

OU diable d'Artois a-t-il été s'aviser de venir me voir en capucin... Et ma chere Polignac dans le même costume.... Hélas, Qu'il est loin ce tems où tous ensemble... Mais pourquoi s'arrêter à un fâcheux souvenir.....

Nation maudite, puisses-tu être un jour anéantie. Puissé-je un jour te voir nager dans des flots de sang de tes détestables soldats :..... je m'égare ... D'Artois est ici :... je veux bannir la tristesse et m'en donner aux dépens de mon vieux cocu.....

Air : *Laire lan là &c.*

Quand de vin il sera épris
Ce pauvre Blaise de Louis,
Comme nous allons le faire!
Laire lan là, laire lan laire,
Laire lan laire, laire lan là.

SCENE II.

ANTOINETTE, DEUX CAPUCINS.

ANTOINETTE *à d'Artois.*

EN vérité, comte, j'aime à te contempler sous cet habit, avec ta barbe, ton capuchon et ton gros cordon....

LA POLIGNAC.

C'est l'Amour frere quêteur.

Air : *Jupiter un jour en fureur.*

La canaille un jour en fureur
Le fit éloigner de vos charmes,
Mais pour vous il quitte les armes
Et se fait frere quêteur.

D'ARTOIS.

Pour qu'un même toit nous rassemble
Il faut te rendre capucine;
Quand on sonnera matines (bis).
Nous les dirons ensemble (bis).

ANTOINETTE.

Tu es toujours gai, tu as raison, il n'est rien de tel que la gaieté. Il faut faire renaître notre ancien tems, pendant que nous voici ensemble. Il m'est venu une idée........ mais une idée bien risible....

LA POLIGNAC.

Il faut l'effectuer.

ANTOINETTE.

Air : *du Port-Mahon.*

Mon vieux débonnaire
Ne ver ne verra rien à l'affaire,

Et du sénat les peres
Je les ai tous pendus
A mon cul, à mon cul, à mon cul.
Je les ai tous pendus
A mon cul, à mon cul,
Eux et la clique entiere
De leurs de leurs soldats volontaires.
Aujourd'hui je veux faire
Papa Louis miché
A son nez, à son nez, à son nez.

Il ne vous reconnoitra, j'en suis sûr, ni l'un ni l'autre : je lui ferai croire que vous êtes deux religieux d'une piété éminente, en qui je mets toute mon estime et ma confiance, que je veux toujours avoir près de moi.... *pour m'avertir lorsque je ferai quelque faute, et m'imposer une pénitence*....... Il donnera dans le piege le bonhomme, il n'y voit pas plus long que son nez..... Ensuite à table, je commence par le faire *boire comme un trou*; après lui avoir fait signer tout ce que nous jugerons à-propos, je lui redouble la dose, et le fais *dormir comme une chouette*... C'est alors que je lui joue la meilleure des pieces.....

D'ARTOIS.

Tu me fais languir.

ANTOINETTE.

Nous nous prendrons par la main et tourneronsà l'entour de lui, en chantant:

Dansons le branle des capucins oin, oin,
Dansons &c.

LA POLIGNAC, *éclatant de rire.*

Bien imaginé, Madame.

D'ARTOIS.

Allons, que veux-tu gager ?

LA POLIGNAC.

Il faut gager de maniere que le perdant ait autant d'avantage que le gagnant.

ANTOINETTE, D'ARTOIS, *à la fois.*

Comment ça ?

LA POLIGNAC.

Il faut gager *l'action* même de la gageure : vous danserez et *ferez* en même tems le *branle* des capucins.

D'ARTOIS.

Bien dit. C'est fait.

ANTOINETTE.

Parole. Cependant il faudra prendre garde, car ce la Fayette est toujours ici comme un furet. Monsieur se donne les tons de m'épier, si je veux faire un pas, il faut que Monsieur m'accompagne, ou me fasse accompagner...... S'il vous reconnoissoit, il l'iroit bien vîte dire aux bandits qu'il commande.... Ils oseroient, je gage, te menacer de leur *lanterne*.......

D'ARTOIS.

Air : *Un vain étalage.*

Tout leur étalage
Ne me fait point peur.
Tout leur bavardage
N'effraye pas mon cœur. (bis).

Quand notre mitraille
Balaiera les fauxbourgs,
Ces soldats de paille
Pourront dire à leur tour :

Tout notre étalage
Ne faisoit point peur,

Notre bavardage
N'effrayoit pas leur cœur. (bis).

Notre bavardage
Notre bavardage
N'effrayoit point leur cœur.
N'effrayoit point leur cœur.

LA POLIGNAC.

Tout cela n'aura qu'un tems.

Ça n'dur'ra pas toujours.
Ça n'dur'ra pas toujours.

ANTOINETTE.

Ils ne feront pas toujours tant d'embarras avec leurs habits bleues...

Air : *du Vaudeville du Sorcier.*

Malheur à la race infernale
Qui nous menace du trépas.
Cette garde nationale
Ne nous intimidera pas.
Si mon pouvoir ma rage égale,
Je brave son ton imposant.
Je sévirai tant tant tant tant
Qu'un jour la famille royale
Reconquérira sa splendeur
Par ma vengeance et ma fureur. (bis).

LA POLIGNAC.

Bannissons pour l'instant toutes les idées qui pourroient nous attrister, et ne songeons qu'à jouir de nos courts instans à rester ensemble.

D'ARTOIS.

Air : *la faridondaine.*

L'office pour ce jour prescrit
Est, dans notre breviaire,
Au commun des cocus écrit
Par un commendataire.
Il faut, à l'honneur de Louis,
La faridondaine, la faridondon,
Ensemble le chanter ici,
Biribi,
A la façon de Barbari,
Mon ami.

Tous ensemble.

Il faut, à l'honneur de Louis,
La faridondaine, la faridondon,
Ensemble le chanter ici,
Biribi,
A la façon de Barbari,
Mon ami.

LA POLIGNAC.

Ah, j'apperçois la Fayette, sauvons-nous.

[*Ils s'en vont.*]

SCÈNE III.

LA FAYETTE, *seul.*

J'AI tout entendu.... Que faire cependant ? Les découvrirois-je ?... Non : je me tairai encore pour l'honneur de mon roi, et je me contenterai de leur porter ombrage.... Ils m'en voudront encore.... Peu m'importe... Rien ne doit arrêter un bon citoyen, lorsqu'il s'agit des intérêts de sa patrie et de son roi....

Air : *où peut-on être mieux*

Ah ! Peut-on faire mieux
Ah ! Peut-on faire mieux
Que d'aimer sa patrie !
Toujours content, toujours joyeux,
En dépit de mes envieux,
Je l'aimerai, la chérirai
Comme ont fait mes ayeux.

Comme mes bons ayeux,
Je veux pour elle toujours combattre,
Toujours fidèle, je veux abattre
Ses ennemis et ses tyrans.
Toujours unis, soyons vaillans.

On ne peut faire mieux
On ne peut faire mieux
Que d'aimer sa patrie.
Toujours content, toujours joyeux,
En dépit de mes envieux,
Je l'aimerai, la chérirai,
Comme mes bons ayeux.

Fin du premier Acte.

ACTE II.

SCENE PREMIERE.

LOUIS, ANTOINETTE, LES DEUX CAPUCINS, *à table.*

LOUIS, *à Antoinette.*

JE suis, Madame, enchanté de votre pieuse résolution.

LA POLIGNAC, *parlant du nez, en capucin.*

C'est la grâce qui opere.

LOUIS.

Hum, hum. [*Il boit.*]

D'ARTOIS, *à Antoinette.*

Vous ne buvez pas, Madame....

[*Il chante gravement et lentement sur le ton du Magnificat.*]

Le jus us us de la treille est d'licieux,
C'est le meilleur présent ent des cieux eux.

ANTOINETTE, LES DEUX CAPUCINS, *ensemble, sur le même ton, avec variations et faux-bourdon.*

Le jus us us de la treille est délicieux,

[*Ils se regardent alternativement et rient sous cap*].

C'est le meilleur présent ent des cieux eux.

LOUIS, *étourdi du concert.*

Eh, eh... Holà, holà. Buvons. [*Il boit*].

D'ARTOIS.

Boire le petit coup donne du courage. Dans nos monasteres nous buvons aussi de tems en tems la petite goute, pour ranimer notre ferveur....

LOUIS.

C'est tout simple. Il a raison le bon pere... [*Il boit.*] Parbleue, vous m'avez l'air de deux bons vivans... Allons, vivent le vin et la gaieté.....

Pere capucin,
Confessez ma femme.

D'ARTOIS.

Ah ! Ne craignez rien,
Je le ferai bien......

LOUIS.

D'abord, il ne faut lui passer rien.

LA POLIGNAC.

Soyez tranquille, nous ferons bien...

LOUIS.

Pere capucin,
Confessez ma femme...

D'ARTOIS.

Ah ! Ne craignez rien,
Je le ferai bien...

LOUIS.

Le chant altere. [*Il boit*]. Cela me ravigote.

Air : *Aussi-tôt que la lumiere.*

Aussi-tôt que le soleil
Luit à-travers mes rideaux
Je me soustrais au sommeil,
Pour courir à mes marteaux.
A côté de mon enclume,
J'ai toujours quatre ou cinq tonnes,

Pour humecter mon volume,
A chaque coup que je donne...

[*Il boit.*] Ventrebleue, je parierois mon royaume de boire un tonneau dans un jour...

LA POLIGNAC, *étouffant de rire ; à demi-voix*,

Il bat la campagne.

ANTOINETTE.

Il est pris, il est pris, il est pris.

Louis, après avoir bu à coups redoublés, baille, s'étend dans son fauteuil et s'endort.

LA POLIGNAC.

Le voilà parti.

ANTOINETTE.

Très-fort. Nous pouvons nous mettre en action.

[*Ils se lèvent tous trois.*]

LA POLIGNAC.

Commençons le branle.

[*Alors ils reculent la table, de maniere que Louis se trouve étendu dans son fauteuil au milieu*

milieu de l'appartement. Ensuite, se prenant par la main, ils tournent à l'entour de lui, en chantant, d'une voix modérée :]

Dansons le branle des capucins oin, oin,
Dansons le branle des capucins.

[*Ils s'arrêtent*].

ANTOINETTE.

Les capucins font com..... me ci.....

[*Tournant tous ensemble.*]

Dansons le branle des capucins oin, oin,
Dansons le branle des capucins.

[*Ils s'arrêtent.*]

D'ARTOIS.

Les capucins font *com..... me ça......*

[*Une intervalle.*]

Air : *Sentir avec ardeur.*

Exprimer son ardeur
A celle qu'on aime
C'est le bonheur du cœur.

Le cocu sommeille,
Que rien ne l'éveille,
J'exprime avec ardeur
A celle que j'aime
Tout le bonheur du cœur.

[*Une intervalle.*]

TOUS ENSEMBLE.

Dansons le branle des capucins oin, oin,
Dansons le . . . .

SCÈNE II.

Les précédens, LA FAYETTE.

GRANDE MUSIQUE.

LA FAYETTE, *entrant précipitament.*

LE tour est risible.

ANTOINETTE.

Que viens-tu faire ici?
Tu es bien hardi.

LA FAYETTE.

Le tour est risible.

LA POLIGNAC.

Quel contre-tems !...

D'ARTOIS.

J'ai tout fini,
J'ai tout fait, je suis content.

LOUIS, *s'éveillant en sursaut.*

Qu'est-ce que tout ça veut dire ?....

LA FAYETTE.

Vous êtes trompé, Sire....
Vous êtes trompé.

LOUIS.

Comment ça, comment ça ?
Qu'est-ce que tout ça veut dire ?
Comment ça ? Je suis trompé.

D'ARTOIS.

La Fayette est un pied-plat.

LA POLIGNAC, *en même tems.*

C'est un fat, c'est un fat.

ANTOINETTE.

Ne le croyez pas.

LOUIS.

Qu'est-ce que tout ça veut dire?
Je ne comprends pas.

D'ARTOIS, LA POLIGNAC, *ensemble.*

Tout n'est pas perdu,
Ça nous est égal,
Il est encor une fois cocu.
Tout n'est pas perdu,
Ça nous est égal,
Il est encor une fois cocu.

LOUIS.

Que veulent dire ces capucins?...
J'y perds mon latin.....

LA FAYETTE.

Sire, ne reconnoissez-vous pas........

LOUIS, *prenant sa lorgnette.*

Oh! oh!..... Quel tour est-ce là!..... :||:

Hen, hen. Le comte d'Artois en capucin, et Madame de Polignac...... Hum, hum...... Quelle idée....... Il y a quelqu'anicroche là-dessous....

D'ARTOIS.

La Fayette est un imposteur, et ne cherche qu'à vous faire tout entrevoir en mal. Si je me suis ainsi déguisé, c'étoit *pour jouir du plaisir de revoir en secret un frere chéri*.......

LOUIS.

Hum, hum.......... Lequel croire ?..... Lequel m'en impose ?..... Allons, allons, il faut que tout cela soit passé sous silence, vous vous retirerez promptement dans votre costume *incognito*, et que tout finisse par-là .....

VAUDEVILLE.

Air : *L'Amour est un enfant trompeur.*

LOUIS.

Ma figue, me voilà dans l'erreur,
Je suis presqu'en colere;
Quel que soit letrompeur,
Je ne serai pas sévere.

à Antoinette.

Tout ça me donne à soupçonner,
Car je ne sais trop quoi penser
De vos révérends peres. (bis).

ANTOINETTE.

Sire, combien de flatteurs
Vous font de vains misteres !...
Vous connoissez mon cœur,
Vous le savez si sincere !.....
A voir le peuple vous mener,
On diroit qu'il va vous crier :
Oh l'cul, les étrivieres. (bis).

D'ARTOIS.

Ah, dans ce moment de rumeur,
Laisserez-vous vos freres,
Déchus de leur honneur,
Dans les cours étrangeres ?
Vous-même pourrez-vous rester
Toujours esclave et sans bouger
Comme un révérend pere. (bis).

LA POLIGNAC.

On diroit que vous avez peur
De lever tête altiere.
Votre trop de douceur
Vous met à la lisiere.
Votre sort est à déplorer,
Et tout français doit vous trouver
Pis qu'un révérend pere. (bis).

LA FAYETTE.

Pour vos enfans plus de bonheur
Si ces révérends peres
Vous donnoient de l'ardeur
Pour voir leur monastere.
Toujours le peuple il faut aimer,
Et vous l'entenderez chanter :
VIVE NOTRE BON PERE ! (bis).

CHORUS.

ANTOINETTE, D'ARTOIS, LA POLIGNAC.
Vous-même pourrez-vous rester
Toujours esclave et sans bouger
Comme un révérend pere (bis).

LA FAYETTE, *avec eux.*

Toujours le peuple il faut aimer,
Et vous l'entenderez chanter :
VIVE NOTRE BON PERE! (bis).

AVIS AUX LECTEURS.

Ces capucins pleins de ferveur
Sont allés en prieres
Baiser avec ardeur
La mule du saint pere.
Que qui voudroit les imiter
Sache que, à force de durer,
La semelle est à terre. (bis).

FIN.

www.ingramcontent.com/pod-product-compliance
Ingram Content Group UK Ltd.
Pitfield, Milton Keynes, MK11 3LW, UK
UKHW021041260726
13994UKWH00005B/2301